Martinique - Guadeloupe

douce salamandre - papillon vert

Les Antilles
Océan Atlantique
Cuba
Jamaique
Haiti
République Dominicaine
Ile de Mona
Porto Rico
Iles Vierges
Sainte-Croix
Anguilla
St Martin
St Barthélemy
Barbade
Nevis
Antigua
Montserrat
Guadeloupe
Désirade
Marie-Galante
Dominique
Mer des Caraïbes
Martinique
Sainte-Lucie
Saint-Vincent
Grenadines
Grenade
Trinité

Martinique - Guadeloupe

douce salamandre - papillon vert

Texte et Photographies
Marie-Thérèse et Serge MATHIEU

Nouvelles Editions Pages du Monde
ISBN 9791095403272

Sommaire

Martinique

Guadeloupe

Préface

Arlette et Daniel nous invitaient depuis longtemps à venir découvrir leur île, la Martinique, "la plus douce et la plus charmante des îles françaises".

Félix, lors de nos nombreux échanges, nous a fait prendre conscience de la richesse de son île, la Guadeloupe, terre de champions, accueillante mais si lointaine.

C'est un matin de février 2015 que nous embarquons pour un voyage en avion de huit heures au-dessus de l'océan Atlantique. Arrivés à l'aéroport la nuit nous accueille, le décalage horaire nous fait perdre nos repères. Même en arrivant de nuit la chaleur tropicale de 26 °C nous défie. Quel contraste avec les 5 °C que nous avons laissés en métropole !

Nous sommes toujours en France mais dans un dépaysement total. Sans transition, nous foulons du pied un autre monde. Pendant plus de deux mois, nous allons découvrir ces îles.

Deux voyages supplémentaires se succèderont pour la réalisation d'un film. Et pour notre plus grand plaisir, nous retrouvons à chaque fois la beauté de ces îles toujours avec l'envie d'explorer ce nouveau monde.

Le deuxième séjour se déroule en saison d'hivernage entre juin et octobre 2016, le troisième entre mars et juin 2017.

Tout au long de ces voyages, les Martiniquais et les Guadeloupéens nous entraîneront dans ce qui fait leur quotidien, leur vie économique : le tourisme, l'agriculture, la pêche, les marchés... mais aussi les traditions très prisées, comme les combats de coqs en Martinique ou les traditionnelles courses de "bœufs tirants" en Guadeloupe, la musique bien sûr avec la biguine et le gwoka, sans oublier les fêtes de toutes sortes et le carnaval un moment très fort dans ces îles.

Nous comprenons que pour eux c'est avant tout le plaisir de vivre ensemble qui compte.
La Martinique et la Guadeloupe, deux îles évocatrices de rêves, nous emmènent dans ce qui fait le charme de ces paradis : la chaleur, les eaux bleu turquoise, les plages, les palmiers, les odeurs des épices, des fleurs et du rhum...

Cependant, connaissons-nous vraiment ces deux départements français du bout du monde ?

Avec ce livre, nous vous invitons à mieux les découvrir.

Nous vous souhaitons une bonne lecture et un bon voyage en Martinique et en Guadeloupe !

Le calme d'une rue de la ville de St Esprit "Guadeloupe"

Parapluie de soleil !

Les îles des Antilles françaises

Antilles : le nom viendrait du portugais "ante-ilhas", qui signifierait "les îles d'avant" (le continent). Il évoque le grec ἀντι qui désigne l'opposé (du monde) et est dérivé du latin Antilla, une île fantôme située à l'ouest de l'Espagne.

La Martinique : elle forme administrativement à elle seule un département et une région française d'outre-mer sous le code officiel géographique 972.

La Guadeloupe : elle forme administrativement avec ses dépendances un département et une région d'outre-mer sous le code officiel géographique 971.
L'île se compose de deux zones géographiques : Basse-terre et Grande-terre.

La Désirade : c'est un haut plateau calcaire de 21 km^2, situé en plein océan Atlantique. L'île dépend administrativement de la Guadeloupe.

Marie-Galante : c'est la troisième île la plus étendue des Antilles françaises. Elle est également rattachée au département de la Guadeloupe au niveau administratif.

L'archipel des Saintes : il est composé de deux terres habitées, Terre-de-Haut et Terre-de-Bas , et de quelques ilots déserts. Il est également une dépendance administrative du département de la Guadeloupe.

Saint-Barthélemy : c'est une île du nord des Antilles. Ancienne dépendance de la Guadeloupe, elle est devenue au niveau administratif, une collectivité d'outre-mer.

Saint-Martin : la partie nord de l'île est française. Le sud est territoire des Pays-Bas. Dans les mêmes conditions que Saint-Barthélemy, la partie française, est passée du statut de commune à celui de collectivité d'outre-mer.

Répartie sur 2 835 km^2, la population totale des Antilles françaises est de 920 000 habitants.

Champs de canne à sucre

Jour de repos au port...

Quelques dates de l'histoire de la Martinique et de la Guadeloupe

La Guadeloupe et la Martinique ont sensiblement la même histoire. Ces îles se sont construites avec et autour des diverses migrations.

Les premiers peuples arrivent d'Amérique du sud (Vénézuela actuel). D'abord des Indiens Saladoïdes vers 3500 av.J.-C. Au IVe siècle, des Indiens Arawaks s'installent dans les mornes autour des volcans. Ces peuples pratiquent l'agriculture, la pêche et la cueillette en menant une vie paisible.

Vers le IXe siècle, beaucoup d'Arawaks sont exterminés par les Caraïbes, peuple guerrier et cannibale. Au XVIIe siècle, les Arawaks sont exterminés par les colons envoyés par la "Compagnie des îles d'Amérique" et par les rois de France.

C'est au cours de son deuxième voyage aux Antilles, en 1493, que Christophe Colomb découvre la Guadeloupe. C'est au cours de son quatrième voyage, en 1502, qu'il passe à proximité de la Martinique. Il explore les Antilles plusieurs fois et les mémorisera par leur géographie.

L'histoire de la Guadeloupe et de la Martinique fut marquée par la déportation massive, à partir des années 1670, d'esclaves noirs africains, ancêtres de l'immense majorité de la population actuelle. Ces mouvements migratoires ont modelé et formé une société pluriethnique.
Les populations venues ou importées de lointains ailleurs se sont constituées il y a quatre siècles.

Après la Seconde Guerre mondiale, afin de réduire la dépendance au cours du sucre, la France cherche à diversifier la production agricole et développe la culture de la banane, de l'ananas et du riz.
Le 19 mars 1946, la Guadeloupe et la Martinique deviennent des départements français.
Ces territoires fonctionnent comme des départements de la métropole, mais avec quelques particularités : les salaires des fonctionnaires, les équipements scolaires et l'assistance médicale et sociale.
Cette modification institutionnelle entraîne le départ de nombreux Antillais vers la métropole, surtout durant les années 1960-1970.
Une réflexion tournée vers l'avenir économique et social des îles aboutit le 1er décembre 1999 à la "Déclaration de Basse-Terre" des présidents de région de Guadeloupe et de Martinique.
Ils souhaitent trouver ensemble un mode de développement adapté aux Antilles et à la Guyane.

Totems à l'entrée de la ville de Saint-Pierre (Martinique)

Louis Delgrès, 1766 - 1802. Il est connu pour la proclamation anti-esclavagiste signée de son nom en 1802. Grand personnage de la résistance de Guadeloupe face aux troupes napoléoniennes.

Buste de VictorSchœlcher au musée de Pointe-à-Pitre "Guadeloupe"

Esclavage

En 1635, Pierre Belain d'Esnambuc débarque à Saint Pierre en Martinique et y installe la première colonie. La Guadeloupe est colonisée en 1640.

La Guadeloupe et la Martinique passent sous l'autorité directe du roi Louis XIV qui veut y développer la culture de la canne à sucre, une culture gourmande en capitaux mais très rentable. De ce fait, les autres cultures du café et du cacao sont délaissées pour être pratiquement oubliées.
Nécessitant une importante main d'œuvre, la culture de la canne à sucre devient rentable à condition de faire travailler des esclaves. Louis XIV abolit en 1671 le monopole de la "Compagnie des Indes Occidentales" remplacée en 1673 par la "Compagnie du Sénégal" qui développe la traite négrière.

En 1685, Louis XIV promulgue le "Code noir", rédigé par Colbert avant sa mort. Les esclaves y sont traités comme des biens mobiliers.

En 1791 débute une révolte des esclaves, menée par Toussaint Louverture. Les commissaires de la République envoyés pour rétablir l'ordre libèrent les esclaves en 1793. La Convention se soumet à cette décision et abolit l'esclavage dans toutes les colonies françaises en 1794. La Martinique, qui vient d'être prise par les Anglais, n'applique pas le décret. En Guadeloupe il est appliqué, mais le travail forcé remplace l'esclavage.

En 1802, Napoléon Bonaparte rétablit l'esclavage pour reconquérir sa femme Joséphine de Beauharnais, fille d'un riche planteur de Martinique. Mais des mouvements de résistance commencent à voir le jour : en 1802 sous le commandement de Louis Delgrès, en 1807 chez les Anglais qui interdisent la traite des Noirs, en 1815 au congrès de Vienne qui l'interdit.

Mais il faudra attendre le 27 avril 1848, sous l'impulsion du député Victor Schœlcher, à la tête de la Société Abolitionniste, pour qu'un décret mettant officiellement fin à l'esclavage soit voté.

Malgré l'abolition de l'esclavage, la Martinique et la Guadeloupe sont toujours à court de main-d'œuvre. L'esclavage est remplacé par un régime de travail coercitif et on recourt toujours à l'immigration en provenance du Congo, de l'Inde, de Chine...

Un métissage culturel se construit et se retrouve dans la langue créole, la cuisine créole, la littérature, la musique, les arts plastiques...

LE CODE NOIR

(1685. extraits)

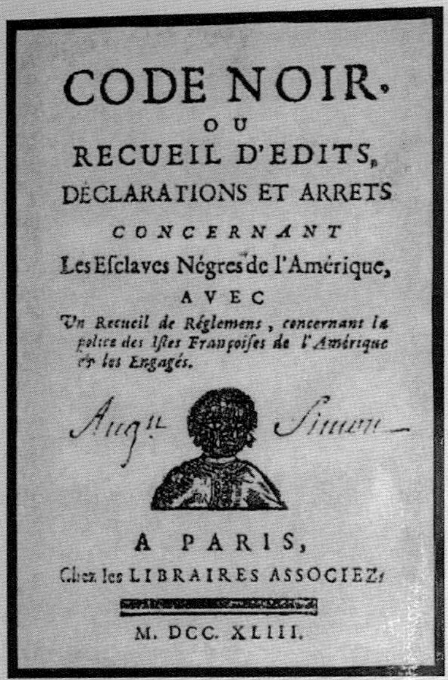
CODE NOIR,
OU
RECUEIL D'EDITS,
DÉCLARATIONS ET ARRETS
CONCERNANT
Les Esclaves Négres de l'Amérique,
AVEC
Un Recueil de Réglemens, concernant la police des Isles Françoises de l'Amérique & les Engagés.
A PARIS,
Chez les LIBRAIRES ASSOCIEZ.
M. DCC. XLIII.

Art 2: « tous les esclaves qui seront dans nos îles seront baptisés et instruits dans la religion catholique, apostolique et romaine... »

Art 12: « ..les enfants qui naîtront des mariages entre esclaves seront esclaves et appartiendront aux maîtres des femmes esclaves .. »

Art 16: « Défendons aux esclaves appartenant à différents maîtres de s'attrouper le jour ou la nuit...à peine de punition corporelle qui ne pourra être moindre que le fouet et le marquage à la fleur de lys; et en cas de fréquentes récidives et autres circonstances aggravantes, pourront être punis de mort... »

Art 18 et 19: « Défendons aux esclaves de vendre des cannes de sucre...même avec la permission de leurs maîtres, »; « défendons d'exposer en vente aucune sorte de denrées...sans permission expresse de leurs maîtres »

Art 25: « Seront tenus les maîtres de fournir à chaque esclave, par chaque an, deux habits de toile ou quatre aunes de toile, au gré des maîtres »

Art 28: « Déclarons les esclaves ne pouvoir rien avoir qui ne soit à leurs maîtres.. »

Art 34: « Et quant aux excès et voies de fait qui seront commis par les esclaves contre les personnes libres, voulons qu'ils soient sévèrement punis, même de mort »

Art 38: « l'esclave fugitif qui aura été en fuite pendant un mois, aura les oreilles coupées et sera marqué d'une fleur de lys sur une épaule; s'il récidive, il aura le jarret coupé et il sera marqué d'une fleur de lys sur l'autre épaule; et la troisième fois, il sera puni de mort. »

Art 42: « Pourront seulement les maîtres, lorsqu'ils croiront que leurs esclaves l'auront mérité, les faire enchaîner et les battre de verges ou cordes. »

Art 44: « Déclarons les esclaves être meubles et comme tels entrer dans la communauté.. »

Art 55: « Les maîtres âgés de vingt ans pourront affranchir leurs esclaves.. »

Art 58: «Commandons aux affranchis de porter un respect singulier à leurs anciens maîtres.. »

"La colonisation, depuis les Indiens caraïbes, puis avec les engagés, les colons français, les esclaves africains et ensuite les Indiens et Chinois a formé le peuple martiniquais et guadeloupéen et la culture créole métissée.

Ce métissage culturel se retrouve dans la langue créole, la cuisine créole, la littérature, la musique, les arts plastiques..."

Gilbert LAROSE

Mémorial 110 à Anse Caffard.
Le site a été choisi en hommage aux victimes du dernier naufrage de navire négrier de l'histoire de la Martinique.

Mémorial ACTe inauguré en 2015. Le centre le plus important au monde consacré au souvenir de la traite négrière et de l'esclavage. Pointe-à-Pitre "Guadeloupe"

Petit-Canal "Guadeloupe"

La savane des esclaves "Martinique"

Canal de Beauregard "Martinique"

Fort Louis Delgrès "Guadeloupe"

Martinique

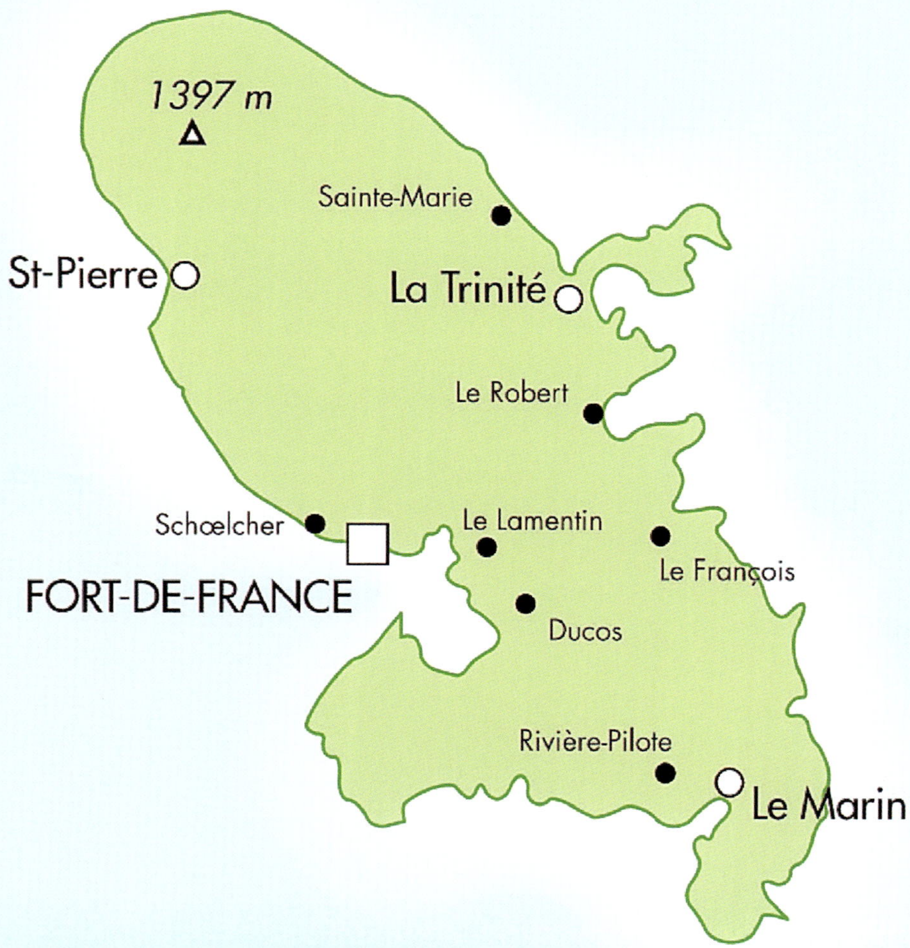
1397 m
Sainte-Marie
St-Pierre
La Trinité
Le Robert
Schœlcher
Le Lamentin
Le François
FORT-DE-FRANCE
Ducos
Rivière-Pilote
Le Marin

La Martinique

"Matinik" ou "Matnik" en créole

C'est le 15 juin 1502 que Christophe Colomb découvre l'île et lui donne son nom. Mais c'est en 1635 que la première colonie française y est établie par Pierre Belain d'Esnambuc.

En 2015, la Martinique connait une évolution institutionnelle importante. La nouvelle "collectivité territoriale de Martinique" cumule les compétences exercées auparavant par le conseil général et le conseil régional.

La Martinique est séparée en deux zones géographiques distinctes. Un axe Fort-de-France – Le Robert délimite ces deux secteurs.
Le nord constitue la partie la plus montagneuse de l'île et la plus humide. C'est le domaine de la forêt tropicale.
Ici se trouvent les grandes bananeraies, les plages de sable volcanique. La montagne Pelée domine l'île.
Le sud, région touristique par excellence, est une zone moins accidentée, plus sèche. C'est le secteur où se trouvent les plus belles plages, baies et anses, mais aussi les plus importantes infrastructures hôtelières !

Comme le reste des petites Antilles, la Martinique est exposée au passage des cyclones entre la mi-août et le mois d'octobre. Elle est également soumise au risque sismique.

Pays	France
Statut	Département et région d'outre-mer
Communes	34
Chef-lieu	Fort-de-France
Arrondissements	Fort-de-France Le Marin Saint-Pierre La Trinité
Population	391 000 hab.
Langue	français
Langue locale	créole martiniquais
Religions	catholique - adventiste - baptiste - méthodiste - hindouiste...
Superficie	1 128 km^2
Dimensions	60 km de longueur, presque 30 km de large
Température de la mer	25/26 °C
Température de l'air	27/30 °C
Température du punch	55° !
Situation	à 7 000 km de la France à 3 700 km de Montréal (Québec)

La Pelée et la ville de Saint-Pierre

La montagne Pelée

Le volcan entre dans l'histoire de manière dramatique le 8 mai 1902, à 08h 02. Une violente explosion, au sommet du volcan, projette un nuage de cendres et de particules incandescentes propulsées par des gaz brûlants. Cette nuée ardente péléenne franchit les reliefs et atteint la ville de Saint-Pierre en moins d'une minute, tuant les 28 000 personnes présentes.

7 nuées ardentes se succèdent jusqu'au 30 août 1902 et continuent la destruction des villes de Saint-Pierre et du Morne Rouge, augmentant de 1 000 le nombre des victimes. Avec près de 30 000 personnes qui périssent, c'est l'une des catastrophes naturelles les plus meurtrières du XXe siècle.

De 1929 à 1932, l'activité de la montagne Pelée reprend, le magma très visqueux continue à monter et élève un nouveau dôme de lave à côté de celui de 1902. L'activité explosive, cette fois, est moins violente, elle ne produit pas de nuée ardente péléenne. Suite à cette éruption, l'activité de la Montagne Pelée décline lentement. Les dernières fumerolles, situées entre les deux dômes, disparaissent en 1970.

De nos jours, la montagne Pelée est un site naturel qui attire les randonneurs. L'ascension du sommet peut se faire soit par la face sud qui surplombe la mer des Caraïbes, un circuit offrant de superbes vues sur la ville de Saint-Pierre et sur la côte, soit par le versant nord avec des paysages de forêt tropicale, de bananeraies, mais le parcours le plus utilisé suit le flanc oriental par l'aileron et le plateau des Palmistes.

La montagne Pelée s'impose et domine le paysage. Avec ses 1 397 mètres, elle est le point culminant de la Martinique.
Malgré son apparence tranquille, elle reste un volcan en activité comme en témoignent les sources d'eau chaude situées sur son flanc occidental. Le volcan est surveillé en permanence par l'observatoire volcanologique et sismologique de la Martinique.
Les Martiniquais respectent l'imposante "Dame du Nord" bien qu'elle suscite toujours la crainte dans tous les esprits.

HOTEL DE VILLE
Théâtre

Fort-de-France

Superficie 44,2 km^2

Population 84 000 habitants mais une agglomération de 165 500 habitants.

Fort-de-France, "Fodfrans" en créole, est la capitale administrative et économique de la collectivité territoriale de Martinique depuis l'éruption de la montagne Pelée en 1902 qui détruisit Saint Pierre. Ses habitants sont appelés les Foyalais.

Son aéroport, au Lamentin, banlieue de la ville, porte le nom de "Aimé Césaire" maire de la ville de 1945 à 2001.

Pour faire face au développement économique de la Martinique et aux préoccupations quotidiennes de la population, un projet de TCSP (Transport Collectif en Site Propre), dans l'agglomération de Fort-de-France est en cours de réalisation.

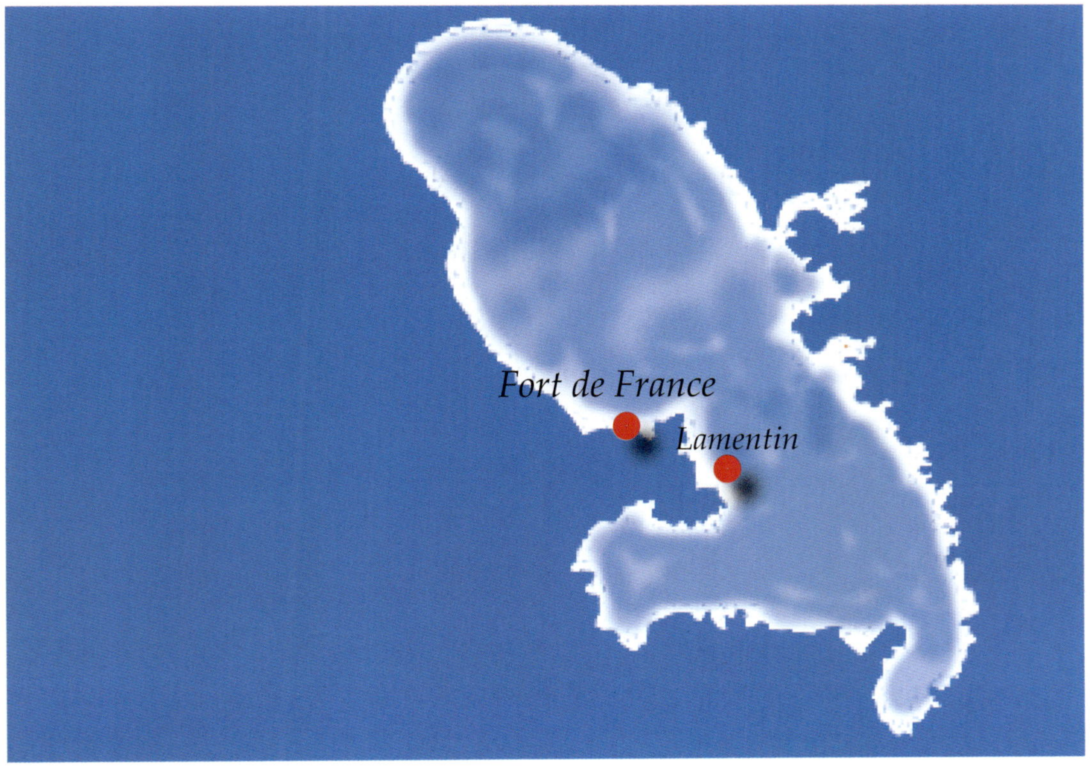

Ville de Fort-de-France, une soirée calme...

Comme un air de campagne, en plein centre ville!

La ville

Fort-de-France affirme sa place de ville-capitale de la Martinique au XXe siècle grâce à la volonté de ses différents maires, en particulier, Aimé Césaire et son remplaçant Serge Letchimy. Les deux maires successifs maintiennent une cohésion sociale en autorisant des nouvelles constructions mais en gardant un habitat auquel l'âme des "Foyalais" est attachée.

Seul grand centre urbain, Fort-de-France s'étend, crée des quartiers nouveaux. La ville tentaculaire occupe tous les espaces environnants en respectant et en réhabilitant les anciennes maisons en bois qui font la fierté de la ville.

Toutefois les nombreux HLM en périphérie, et les centres commerciaux avec leurs immenses parkings, donnent une image ne correspondant pas à l'idée que l'on se fait habituellement des tropiques.

PIZZAS RIO
SNACK

PHARMACIE

Bibliothèque Schoelcher

Fort-de-France et la bai

La Savane, le poumon vert de la ville

Détente au coeur de la ville

Le Carnaval

Né de la rencontre des cultures européennes et africaines durant la colonisation, le carnaval de la Martinique est une tradition importante. Colorée, chaleureuse et festive, cette manifestation incontournable est attendue par tous les Martiniquais.

Les préparatifs débutent dès la fin du carnaval précédent. Les nouveaux costumes et masques sont créés, les groupes s'entraînent et répètent leur future représentation dans les rues des villages et des villes tout au long de l'année.

Les festivités du nouveau carnaval commencent le dimanche de l'Epiphanie avec l'élection des reines. Il anime l'île durant quatre jours pendant la période de mardi-gras.

Le carnaval de la Martinique est très populaire. Toute la foule présente et déguisée peut participer librement en s'insinuant dans les groupes qui défilent dans une ambiance joyeuse et endiablée portée par les différents chars et groupes de musiques qui donnent le rythme.

Pendant quatre jours, dans toutes les bourgades de l'île, c'est l'effervescence mais dans une organisation régie par les couleurs.

Dimanche gras : les groupes multicolores prennent possession des rues et le grand Bwabwa nommé Vaval, le Roi du carnaval, est dévoilé au public.

Lundi gras : c'est le jour des mariages burlesques ; les hommes sont déguisés en femmes et les femmes en hommes.

Mardi gras : c'est le rouge qui domine car les diables rouges donnent le ton avec des masques d'inspiration africaine. Ils étaient portés par les esclaves noirs lors de la traite des Nègres.

Mercredi des cendres : la foule est en noir et blanc pour la mort de Vaval. La foule en délire le pleure tout en s'amusant et en déambulant encore dans les rues. Le soir, à la tombée de la nuit, Vaval est brûlé, c'est la fin du carnaval.

Vaval est mort, alors vive le carnaval de l'année prochaine !

Les défilés de rue sont appelés "vidés". Les groupes à pied rythment les parades.
Tout un chacun, costumé pour la circonstance, s'approprie les rues dans la joie et la bonne humeur.

*"Ma bouche sera la bouche des malheurs
qui n'ont point de bouche, ma voix,
la liberté de celles qui s'affaissent au
cachot du désespoir"*

Aimé Césaire

"Cahier d'un retour au pays natal"

Aimé Césaire

Aimé CESAIRE est né le 26 juin 1913 au sein d'une famille nombreuse, d'un père fonctionnaire et d'une mère couturière.

Très bon élève du lycée Schœlcher de Fort-de-France, il poursuit ses études secondaires comme boursier du gouvernement français au lycée Louis Le Grand, à Paris. Il y rencontre de jeunes Africains étudiants, eux aussi à Paris, tel son ami guyanais Léon Gontran DAMAS.
Il découvre peu à peu la part refoulée de l'identité martiniquaise, sa composante africaine, et il prend conscience de la réalité de la situation coloniale.

En 1934, Aimé Césaire fonde avec d'autres étudiants, notamment Léopold Sédar SENGHOR, le journal *L'Etudiant noir*. Et pour la première fois dans les pages du journal apparaît le terme de "Négritude" en réaction à l'oppression culturelle du système colonial français.

Il consacre sa vie à la littérature et à la culture. Il est écrivain, à la fois poète, dramaturge, essayiste et biographe.

Il est saisi par la politique dès son retour en Martinique. En 1945, à 32 ans, il est élu maire de Fort-de-France, la capitale de la Martinique. L'année suivante, il est élu député de la Martinique à l'Assemblée Nationale.

En 1946, il est le rapporteur de la loi transformant les colonies de Guadeloupe, Guyane française, Martinique et Réunion, en départements français.

Il reste maire de Fort-de-France pendant 56 ans où il décède le 17 avril 2008.

Au total Aimé CESAIRE aura publié plus de quatorze œuvres, des recueils, des poésies, des pièces de théâtre et des essais.

Balade revitalisante sur une Plage de la vaste baie du Diamant, avec en toile de fond le fameux rocher imposant. Un site protégé, où de nombreux oiseaux viennent nidifier…

Plage de sable noir, calme, beauté, sérénité...Le rocher de la Perle, une petite île inhabitée située dans la mer des Caraïbes.

Les ruines du château Dubuc, une habitation du XVIIIe siècle ayant appartenu à de riches exploitants de canne à sucre.

"Martinique"!

Ta côte ouest offre la caresse de la mer Caraïbe et nous fait oublier ta côte est où les vagues déchaînées de l'océan mordent tes falaises.

Entre tes deux mers, la montagne et la forêt ont la part belle. Les mornes et la végétation s'imposent partout ou presque. Tu laisses peu de place aux autochtones, mais ils utilisent maintenant de gros moyens mécaniques, et le béton grignote tes territoires.

Toute l'année tes couchers de soleil sont rythmés, hauts en couleurs, vers 18 heures, donnent du sens à tes élégants paysages.
Tes ciels, parfois contrariés par les nuages et la pluie, rehaussent la luminosité de tes sables blancs et de tes eaux turquoise.

Tes nuits sont bercées par le concert des grenouilles, les aboiements des chiens, des cris d'oiseaux, le chant des coqs... Au petit matin tout se dissipe avant 6 heures. Peu à peu le brouhaha des véhicules remplace cette symphonie nocturne.

Au petit matin, dès 6 heures, nous partons pour profiter de la légère brise matinale qui nous offre une relative fraicheur et ressentir la douceur du soleil affleurant le relief.

Ton début de matinée ensoleillé peut être bousculé par des torrents de pluie aussi soudains que brutaux. Mais après cet arrosage, indispensable à ta palette de couleurs, le soleil à nouveau réchauffe encore plus ton île.
De villes en villages, tes routes, souvent étroites, débouchent sur des rencontres. Nous rentrons dans ton intimité en engageant la conversation et en partageant un moment de la vie locale de tes habitants. Ils nous entraînent dans leur façon de vivre, leur humour, leur nonchalance, leur gaité, leurs doutes... Nous adoptons bien volontiers leur rythme.

Tes modes de vie hésitent entre vie d'hier et vie d'aujourd'hui. Ne perds pas tes empreintes traditionnelles qui assurent ta cohésion sociale.

"A la Martinique, disait Gauguin, j'ai été capable d'être moi-même."

La tranquillité et le calme du paysage sauvage de la presqu'île de la Caravelle.

Atmosphère paisible et autenthique dans le village des Anses d'Arlet

Les Anses d'Arlet

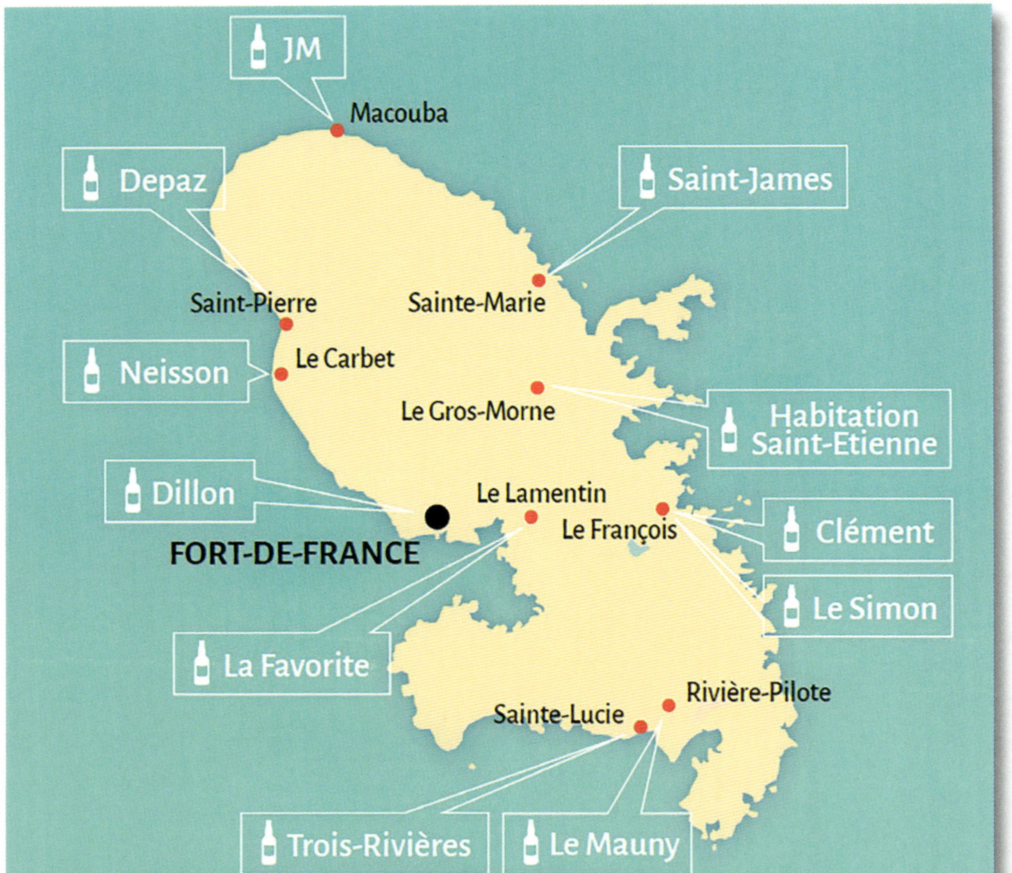

La carte des distilleries de Martinique

La canne à sucre et le rhum

La canne à sucre est la deuxième culture de l'île après la banane. Les plantations de cannes couvrent près de 4 000 ha cultivés par environ 200 producteurs. Bénéficiant d'une terre fertile et d'un climat très ensoleillé, les cannes regorgent de sucre et de parfum favorisant l'élaboration d'un rhum de très haute qualité.

La plupart des distilleries produisent le rhum agricole bénéficiant de l'appellation AOC, est issu du jus de canne, le rhum agricole est une eau de vie noble.

Les principales étapes de la fabrication du rhum :

le broyage des tiges de canne à sucre pour en extraire le jus.

la fermentation pour transformer le sucre du jus en alcool.

la distillation du jus par chauffage, pour récupérer l'alcool pur : le rhum

l'ajout d'eau pour diminuer la concentration d'alcool.

l'embouteillage effectué obligatoirement en Martinique.

le vieillissement en fûts de chêne pour obtenir les rhums bruns.

Distillerie Depaz

Une des 11 distilleries de Martinique, la maison "Depaz" est située presqu'au pied de la montagne Pelée.

La ville de Saint-Pierre avec la maison de la Bourse.
C'était l'ancienne chambre de commerce, ce batiment a été reconstruit à l'identique après l'éruption de 1902.

Les ruines de l'ancien théatre avec en toile de fond la Pelée

Le cachot de Cyparis, le survivant de la catastrophe de 1902

Un mur en hommage à la liberté...

La ville de Saint-Pierre au pied de la Pelée

Petit aperçu des fleurs de Martinique.

La Martinique est surnommée "Madinina, l'île aux fleurs".
Ses fleurs embellissent les maisons et les jardins, envahissent le bord des routes et se cachent même dans les forêts. En voici quelques unes resplendissantes par leurs couleurs mais dont on ne peut deviner les subtils parfums...

Balisier

Alpinia

Rose de porcelaine

Le flamboyant, en fleur pendant plusieurs mois il enjolive les routes, les paysages et les maisons.

Hibiscus

Balisier

Héliconia rostrata

Clématite

Frangipanier blanc

Bougainvillier

Héliconia

L'Alpinia

Broméliacées, plante-fleur épiphyte

L'Archipel de la Guadeloupe

Pays	France
Statut	Département et région d'outre-mer
Communes	34
Chef-lieu	Pointe-à-Pitre
Archipel	Grande-Terre et la Basse-Terre formant la Guadeloupe Marie Galante La Désirade Les Saintes
Population	407 000 hab.
Langue	le français
Langues locale	créole guadeloupéen
Religions	catholique - adventiste - baptiste - méthodiste - hindouiste...
Superficie	1 704 km^2
Dimensions	
Basse Terre :	45 km de longueur, presque 20 km de large
Grande Terre :	40 km de longueur, 40 km de large
Température de la mer	26/27 °C
Température de l'air	27/30 °C
Température du punch	55° !
Situation	à 7 000 km de la France à 3 700 km de Montréal

Archipel de la Guadeloupe

Gwadloup en créole, Karukera en amérindien.

Le 4 novembre 1493 Christophe Colomb débarque sur l'île de Karukéra qu'il rebaptise "Guadeloupe" en hommage au monastère de Santa-Maria-de-Guadalupe en Espagne.

Devenue département français en 1946, la Guadeloupe est une région ultrapériphérique européenne située dans les Caraïbes.

La "Guadeloupe continentale" se compose de deux terres distinctes, la Basse-Terre et la Grande-Terre, séparées par un bras de mer appelé "la Rivière Salée".
Ces deux terres sont séparées géologiquement par 30 millions d'années et de ce fait par une géographie très différente.

La Basse-Terre, d'origine volcanique, est dominée par la Soufrière. La végétation est luxuriante, principalement composée de forêt tropicale. Pour explorer la région "la route de la Traversée" est intéressante quand elle est ouverte. La côte ouest le long de la mer Caraïbe est la plus habitée.
Basse-Terre est la ville la plus importante.

La Grande-terre, d'origine corallienne, est faiblement vallonnée. Quelques sommets dans le sud, ne dépassant pas 200 m, sont appelés les "Grands Fonds" car les vallées qui contournent ces mornes sont très nettement situées au-dessous du niveau de la mer.
Le nord et l'est sont des plaines arides. Le littoral au sud concentre les grandes stations balnéaires aux plages de sable blanc à l'abri des récifs coralliens. Pointe-à-Pitre est au sud de l'île.

Le Parc National couvre à peu près 40 % du massif forestier de la Basse-Terre et englobe les 3 200 ha du Grand Cul-de-Sac Marin, une zone humide de mangrove située de part et d'autre des deux îles. Plus de 200 km de sentiers de randonnées, ou "traces", permettent de découvrir la richesse de sa biodiversité : 300 espèces d'arbres et arbustes, environ 100 espèces d'orchidées, quelque 270 espèces de fougères, 40 espèces d'oiseaux nicheurs, sans oublier les iguanes.

Il y a deux saisons dans les îles de Guadeloupe.
Une saison sèche, appelée "carême", qui va de décembre à avril, haute saison touristique.
Une saison humide dite "hivernage", qui s'étale de la mi-juin à novembre.

Papillon vert

Posé sur l'océan comme un lépidoptère
au carrefour des itinéraires de la terre
paré de ses beaux habits de lumière
Karukéra attise les convoitises comme une bijoutière.

L'aventure de tout temps a façonné ses ailes
dans l'espoir d'un essor vers un autre ciel.

Résistant au filet des entomologistes
Il arbore son rostre anti impérialiste.

Oh! nature généreuse te voilà explosive
pour calmer l'ardeur d'Eole en furie expressive
par delà les folies et les luttes d'antan
l'onde efface très vite les effets du temps
et tu deviens verdoyante comme une fiancée
prête a offrir son cœur avec la panacée
préparant en silence ton attendu envol.

Le rythme cadencé s'élevant de ton sol
retrouve l'harmonie des crises universelles
de liberté puisée dans l'âme de tes sels
à laquelle tes fils ont toujours aspiré
et dont les sacrifices et la fierté
semblent encore inspirés.

Poème de Christian THENARD
Natichris

Cascade du Paradis

Lumière d'orage vers Trois-Rivière

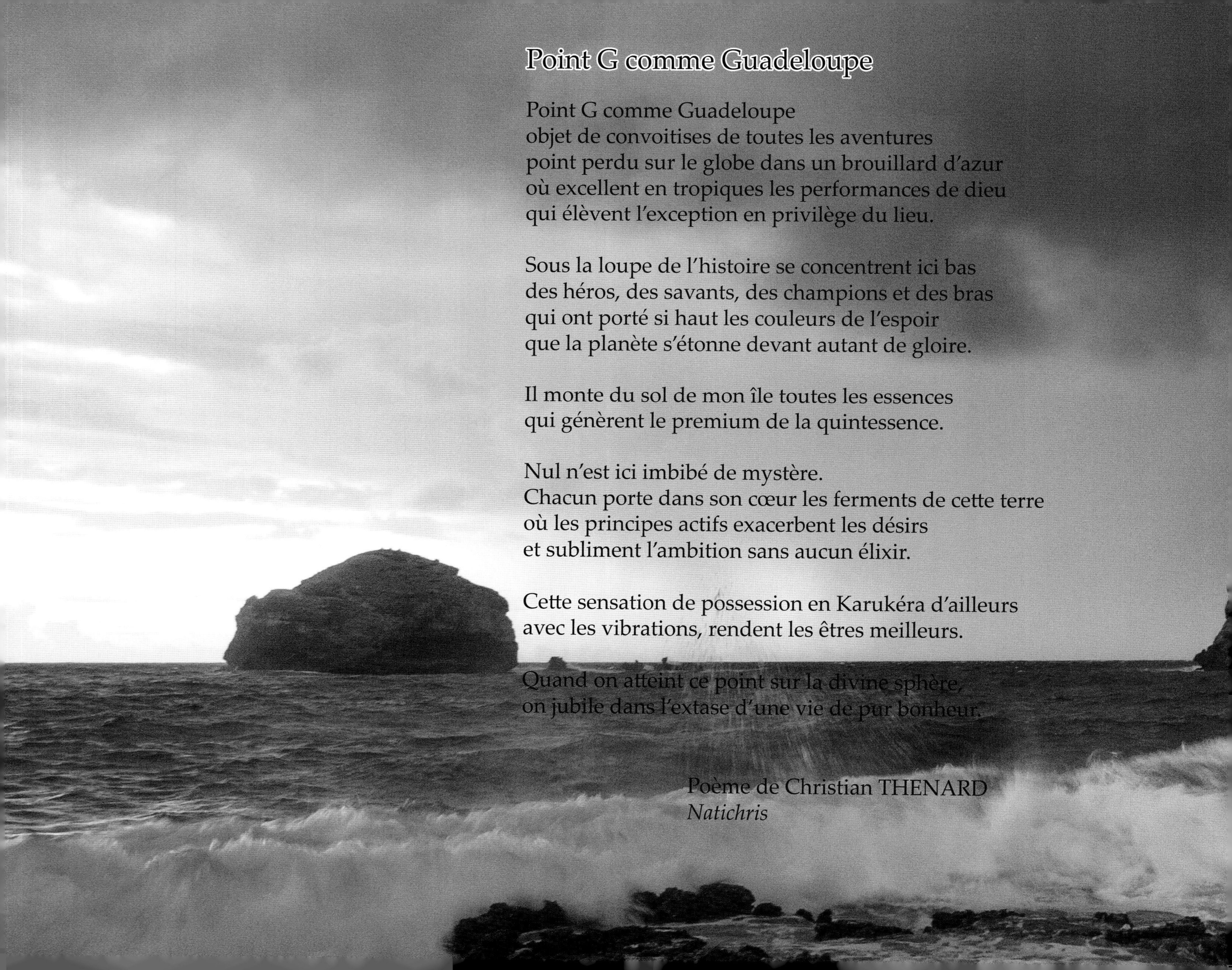

Point G comme Guadeloupe

Point G comme Guadeloupe
objet de convoitises de toutes les aventures
point perdu sur le globe dans un brouillard d'azur
où excellent en tropiques les performances de dieu
qui élèvent l'exception en privilège du lieu.

Sous la loupe de l'histoire se concentrent ici bas
des héros, des savants, des champions et des bras
qui ont porté si haut les couleurs de l'espoir
que la planète s'étonne devant autant de gloire.

Il monte du sol de mon île toutes les essences
qui génèrent le premium de la quintessence.

Nul n'est ici imbibé de mystère.
Chacun porte dans son cœur les ferments de cette terre
où les principes actifs exacerbent les désirs
et subliment l'ambition sans aucun élixir.

Cette sensation de possession en Karukéra d'ailleurs
avec les vibrations, rendent les êtres meilleurs.

Quand on atteint ce point sur la divine sphère,
on jubile dans l'extase d'une vie de pur bonheur.

Poème de Christian THENARD
Natichris

La Soufrière

"Vié madanm la" en créole , "la vieille dame" en français, c'est ainsi qu'est surnommée la Soufrière.
Ce volcan, en activité, situé dans le parc national de Guadeloupe au sud de l'île de Basse-Terre, culmine à 1 467 m au-dessus de la forêt tropicale et de toutes les petites Antilles.

C'est un stratovolcan de type péléen. Un dôme de lave obstrue sa cheminée.
Quotidiennement, des fumerolles et des vapeurs soufrées et acides s'échappent de bouches éruptives. Il n'est endormi que d'un œil.

La Soufrière a connu sa dernière éruption en 1976 et plus de 70 000 personnes ont dû être évacuées de la partie sud de Basse-Terre. Heureusement les coulées de boues et les émissions de cendres noyant les environs dans une atmosphère grise, n'ont provoqué que des dégâts matériels. Depuis cette éruption, le volcan est surveillé en permanence par l'observatoire sismologique et volcanologique de la Guadeloupe.

Le tremblement de terre survenu en 2004 a imposé la fermeture de la route menant au parking principal et a rendu l'accès au volcan plus difficile.
L'accès du sentier le plus emprunté se trouve plus bas au lieu-dit "les Bains Jaunes" où un petit parking est aménagé.
Le randonneur avance sur un chemin relativement bien tracé, mais escarpé, au milieu d'une végétation luxuriante. Attention, il peut être dangereux lors de fortes pluies... Il faut compter environ 2 à 3 heures pour l'ascension.

Au sommet un sentier est aménagé avec des barrières de sécurité pour protéger les visiteurs des fumerolles soufrées. Si les nombreux nuages accrochés se déchirent un petit instant, s'offre aux courageux l'un des plus beaux paysages des Antilles.
Se découvrent alors, au nord la chaîne montagneuse de Basse-Terre, à l'est Grande-Terre qui s'étire jusqu'à l'océan, un peu plus loin, à l'horizon, les îles qui encerclent la Guadeloupe : La Dominique, Les Saintes, Marie-Galante, La Désirade, Montserrat... au milieu de la mer Caraïbe et de l'océan Atlantique.

Pointe à Pitre

L'agglomération de Pointe-à-Pitre/Les Abymes est le pôle urbain de la Guadeloupe grâce à sa position centrale dans l'archipel. Elle regroupe 11 communes.
Cette concentration urbaine forme la capitale économique de la collectivité territoriale de la Guadeloupe.

Pointe-à-Pitre, Lapwent en créole, compte environ 17 000 habitants. Les habitants sont appelés les Pontois, Pontoises.
Avec son agglomération Baie-Mahaut, Abymes et Gosier, elle avoisine les 300 000 habitants.

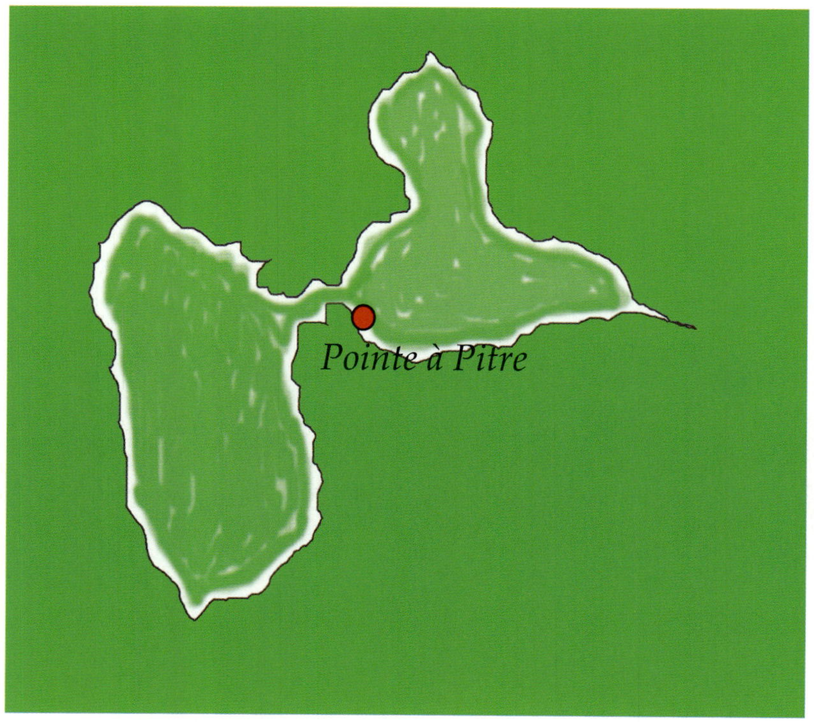

LA HALLE
LA HALLE
S.G.B.A
TEE-SHIRT

La ville

Son aéroport international Pôle-Caraïbes est situé aux Abymes à seulement 3 km de Pointe-à-Pitre.

Le mémorial ACTe construit le long de la rade de Pointe-à-Pitre est un lieu de mémoire de l'esclavage et un lieu d'animation.
Le marché de la Darse et les quartiers alentours font peau neuve pour mieux accueillir les visiteurs.

A l'opposé, à Baie-Mahaut, les entreprises et les grands magasins se disputent l'espace du secteur de Jarry, zone industrielle géante.
Pointe-à-Pitre n'a pas la prétention d'être une belle ville. Quelques quartiers avec des maisons en bois sont restaurés pour la conservation du patrimoine et de la culture créole.

Musée Saint-John Perse

Marché de la Darse

Marché aux épices place de la victoire

Maison en bois

Maison traditionelle en bois

Église Saint-Pierre et Saint-Paul de Pointe-à-Pitre

Carrefour en direction de la rue Frébaut

Mémorial ACTe
marché de la Darse

Comité du
Tourisme des Iles
de Guadeloupe

Musée Schœlcher

Balcons fleuris

Le Gwoka

Durant les heures sombres de l'esclavage en Guadeloupe, des esclaves ont eu l'idée de transformer de vulgaires tonneaux de salaison en instruments de percussion, pour imiter leurs tambours, témoins de leur vie quotidienne.

Avec une peau de chèvre tendue autour de l'ouverture, ce tam-tam devenait moyen d'expression et de communication pour les esclaves. Chants et musique, un langage compris seulement par cette population complètement déshumanisée, résonnaient pour résister aux différentes brimades, pour appeler à la résistance, pour ne pas se résigner à être soumis, pour se tenir debout et être fiers dans ce grand monde. A la fois douloureuse et pleine d'espoir, cette musique et la fête qui en découle reposent sur la quête de liberté.

Le Gwoka désigne la musique, le chant et la danse qui se pratiquent sur les rythmes que le tambouyé (joueur de tambour) fait sortir de son instrument : le KA.

La musique est jouée par les tambours de différentes tailles :

Le boula le plus grand, fabriqué avec une peau de bouc pour donner un son grave, joue le rythme central.
Le makè ou marqueur, plus petit, fabriqué avec une peau de brebis, a un son plus aigu.

La danse fait ressortir une certaine sensualité. Les pas des danseuses ou danseurs sont en adéquation avec le tambour marqueur.

Le rythme peut se jouer de façon lente ou rapide et évoque la souffrance ou la joie selon l'humeur du chanteur qui donne la couleur du ton pour l'ensemble. Les chœurs sont indispensables pour la coloration des chansons.

Les différents rythmes du Gwoka sont :

Kaladja est un rythme lent ou rapide, symbole de la lutte en amour.

Tumblak est vif, rapide, danse d'amour et de fertilité.

Graj stimule le travail dans les champs.

Lewoz est un rythme de référence, considéré comme un rythme de combat.

Mennde est le rythme de la fête, du carnaval, joué dans les manifestations de vie nocturne.

Woule, ou valse créole, accompagnait la construction des routes en pavés de pierre.

Le Gwoka est porteur de sentiments : lent, rapide, langoureux, frénétique, festif, charmeur, envoûtant. Chaque rythme accompagnait l'esclave dans sa vie. Avec le retour aux sources, il inspire les Guadeloupéens d'aujourd'hui.

La forêt tropicale

En Guadeloupe, la nature prend ses aises. Sous le soleil tropical, la forêt, haute de plus de 30 mètres, croît dans un désordre végétal.
Le massif de la Basse-Terre accroche les cumulus qui viennent déverser jusqu'à six mètres d'eau par an. L'humidité est omniprésente : suspendue dans l'air, dans la boue, dans la mousse, le long des lianes qui semblent descendre directement des nuages, dans le cœur des fleurs très colorées, à la surface des feuilles offrant un camaïeu de vert. Les formes s'étirent et se gonflent avec exagération au point d'atteindre parfois des allures monstrueuses.

La végétation surgit de partout mais en parfaite harmonie. Au premier abord cette ambiance donne l'impression d'un capharnaüm.
C'est un véritable fouillis végétal. Au milieu des arbres gigantesques, des fauteurs de troubles se sont installés : des lianes, des racines aériennes, des philodendrons géants, des fougères arborescentes, des bambous colonisateurs, des épiphytes agrippées, mais cet enchevêtrement est régi par les lois de la nature auxquelles chaque élément se soumet.

L'eau, d'abord silencieuse, glisse le long des feuilles, puis des troncs, se fraie un passage dans le dédale des racines pour finalement rejoindre une rivière. Elle jaillit dans un bruit d'enfer par-dessus les falaises couvertes de mousse.

Comment ne pas rêver face à un paysage aussi déroutant ? Chacun pourra se laisser bercer ou envahir par cet immense opéra végétal.

La Désirade

Superficie : 22 km²
Population : 1 700 hab.
Statut : Commune de la Guadeloupe
Arrivée : par bateau

Les habitants vivent de la pêche et du tourisme loin du tumulte des grandes villes. L'énergie qui alimente les maisons provient uniquement de l'éolien. Une seule route goudronnée traverse l'île d'est en ouest. Une autre, praticable seulement en 4x4, monte jusqu'au sommet de l'île. Calme, sérénité, nature sont les principales préoccupations des Désiradiens.

Les immenses plages de sable blanc aux longues barrières de corail font le charme de l'île pour le plus grand plaisir des baigneurs et des plongeurs.

Place du Maire mendiant

La plage du souffleur

Couleur et calme de l'île

Marie-Galante surnommée "l'île aux cent moulins".
C'est la troisième île française en superficie après la Guadeloupe et la Martinique.

Superficie : 158 km²
Arrivée : par bateau
Statut : Collectivité dépendant de la Guadeloupe
Population : 11 780 hab.

Marie-Galante a une économie essentiellement rurale avec notamment la culture de la canne à sucre. Sa production de rhum diminue ; par conséquent elle essaie de se tourner vers le tourisme. Mais l'accès de l'île ne se faisant que par bateau depuis la Guadeloupe, ceci limite les visiteurs.

Les habitants de Marie-Galante sont accueillants, généreux, offrent une cuisine authentique. Ils partagent leur art de vivre avec simplicité.

Le bâteau des îles

La mairie de Terre-de-Haut

Église Notre-Dame-de-l'Assomption de Terre-de-Haut

La baie de Terre-de-Haut avec en fond la Guadeloupe

Les Saintes

Superficie : 15 km^2
Population : 3 000 hab.
Statut : Collectivité dépendant de la Guadeloupe
Arrivée : par bateau
Circulation : à pied, vélo, scooter ou voiturette électrique.

Les Saintes comptent deux toutes petites îles habitées, Terre-de-Haut et Terre-de-Bas, auxquelles s'ajoutent 6 rochers sauvages, refuges des oiseaux. Cet ensemble fait le charme de cet archipel.

L'arrivée en bateau dans l'une des plus belles baies subjugue le voyageur qui a du mal à descendre du bateau. Le fort Napoléon domine tout l'archipel. C'est le site le plus visité. Heureusement, les nombreux et bruyants scooters qui sillonnent les rues sont peu à peu remplacés par des voiturettes électriques plus silencieuses.

Chaque jour après 16h, dès le départ des touristes avec les gros bateaux les îles saintoises retrouvent leur quiétude.

Petit aperçu de la Faune de Guadeloupe.

La Guadeloupe est surnommée "Karukera l'île aux belles eaux", les animaux sont bien présents sur l'ensemble de l'île. En voici quelques uns...

Colibri madère

Moqueur des savanes

Sucrier

Lézard Anolis

Iguane commun

Iguane des petites Antilles

Bihoreau violacé

Héron vert

La faune de Guadeloupe

La faune de Guadeloupe est d'une grande beauté.
Sa diversité contribue à l'équilibre écologique de l'île, mais elle n'est pas représentée en grand nombre.

Parmi les 270 espèces d'oiseaux classifiées en Guadeloupe, on observe le plus couramment : le colibri, le sucrier, la perdrix rouge, le pélican brun, la frégate...

La faune sous-marine est facilement observable avec un masque, des palmes et un tuba. Dans une eau peu profonde limpide et chaude, le spectacle des poissons multicolores est inoubliable.

C'est l'être humain qui a introduit tous les mammifères de Guadeloupe (à l'exception des chauves-souris, dont certaines, endémiques, sont uniques au monde). La mangouste fut initialement importée pour lutter contre les rats qui ravageaient les champs de canne à sucre. Malheureusement elle est devenue invasive causant des préjudices importants à la faune locale.

L'emblème du Parc National de Guadeloupe est le "Ti-Racoon", raton laveur, animal discret et plutôt nocturne. C'est un animal protégé mais sa chair étant appréciée par certains, il est encore victime de braconnage .

Frégate superbe

Pélican brun

Crabe Malzorey

Cimetière de Morne-à-l'Eau, classé monument historique.

Les chutes du Carbet.

Promenades et découvertes en Guadeloupe

La Grande-Terre

Sa côte sud offre tous les atouts pour satisfaire les touristes. Dans un environnement naturel exotique et exceptionnel se succèdent des plages de cartes postales avec en toile de fond une mer des Antilles adoucie par les barrières de corail.

Le Gosier : ville périphérique de Pointe-à-Pitre propose toutes les activités nautiques et nocturnes. C'est un haut lieu touristique.

Ste Anne : splendides plages ornées de cocotiers qui ondulent au-dessus de l'eau limpide, dans une baie magnifique couleur turquoise, procurant calme et sérénité.

St François : vieux village de pêcheurs, écrasé par la chaleur et perdu à l'extrême pointe de la Guadeloupe. C'est un centre touristique très prisé de l'île. On y remarque le changement de végétation car c'est le commencement du plateau calcaire de la Grande-Terre.

La Pointe-des-Châteaux : site le plus photographié de l'île, au bout d'une route en cul-de-sac longeant la côte, où les senteurs d'iode de l'Atlantique se mêlent aux effluves de verveine sauvage. La végétation y est brûlée par le sel et le soleil.

Le Moule : quatrième ville de la Guadeloupe face à l'Atlantique, ses plages sont courtisées par les surfeurs.

La Porte d'Enfer : bras de mer qui s'enfonce au milieu de hautes falaises protégeant une belle plage de sable blanc.

La pointe de la Grande Vigie : cap extrême de la Grande-Terre, d'où l'on domine l'océan Atlantique à plus de 80 mètres de hauteur.

Morne à l'Eau : abrite un cimetière très particulier classé monument historique où les tombes sont carrelées de faïences noire et blanche et éclairées de bougies à la Toussaint.

Les Grands Fonds : 15 000 hectares de mornes et de vallées ressemblant à un labyrinthe gigantesque. Certaines vallées se situent en-dessous du niveau de la mer, elles sont couvertes d'une végétation riche et variée. C'est aussi le verger de l'île avec les arbres à pain, les manguiers, les papayers, les goyaviers, les avocatiers...

La Pointe des Châteaux

Pointe de la Grande Vigie.

Ville de Trois-Rivières.

Promenades et découvertes en Guadeloupe

La Basse-Terre

Le pont de la Gabarre relie la Basse-Terre et la Grande-Terre depuis 1906.

La route de la traversée ou route des Mamelles : située dans le Parc National de Guadeloupe, elle traverse les hauteurs de la Basse-Terre d'est en ouest.

Parc zoologique et botanique des Mamelles : installé dans la forêt tropicale, un parcours de ponts suspendus à 20 mètres de hauteur hisse les visiteurs au niveau de la canopée.

Cascade des Ecrevisses : facile d'accès par un sentier d'environ 10 minutes, chacun pourra profiter de la fraîcheur de l'eau et pique-niquer...

Deshaies : le jardin botanique est un passage incontournable. Ancien domaine de Coluche, il abrite plus de 1 300 espèces tropicales : rose de porcelaine, bougainvillier, arbre à saucisson, arbre du voyageur... et toute une faune diverse et très colorée.

Grande Anse : plus belle plage de la Basse-Terre, bordée de cocotiers, un coin de "paradis" qui ne déçoit jamais, même si parfois les vagues impétueuses rendent la baignade risquée.

Sainte-Rose : petit village de pêcheurs sur la côte nord-est offrant une vue sur la mangrove du Grand Cul-de-Sac Marin. Quand les marins rentrent au port l'ambiance est authentique.

Les chutes du Carbet : situées à Capesterre-Belle-Eau. La rivière du Grand Carbet prend sa source dans le flanc est de la Soufrière.
L'eau se jette à trois reprises le long de falaises impressionnantes. La seconde chute du Carbet fait un plongeon de 110 mètres. C'est la plus accessible (45 minutes aller-retour depuis le parking). Le spectacle est magnifique.

Grand-Etang : petite balade d'environ 1h au milieu de la forêt tropicale (chaussures de marche obligatoires). Un observatoire permet de contempler le lieu et de scruter la faune.

Cascade Paradise : chute tombant dans un bassin d'eau lumineuse entourée d'un décor magique.

Trois-Rivières : commune face à l'archipel des Saintes, point de départ des bateaux pour rejoindre, en 20 min, les Saintes.

Basse-Terre (ville) : capitale administrative de la Guadeloupe. Sur la route des esclaves se trouve le fort Louis Delgrès, classé monument historique en 1977, à la mémoire de Louis Delgrès, héros défenseur de l'abolitionnisme.

Malendure : magnifique espace sous-marin qui accueille la "réserve Cousteau" des îlets Pigeon. C'est un lieu pour l'observation des fonds marins et des cétacés en pleine mer.

Ville de Deshaies.

Cascade Matouba.

Cascade Bassin bleu.

Cascades et chutes de Guadeloupe

Lieux de calme et de nature sauvage, la plupart se trouvent sur Basse-Terre.
Les passionnés de randonnée auront plaisir à parcourir les différentes traces (sentiers) qui les conduiront vers tous ces lieux où il est possible de se baigner et de se reposer.

Porte d'Enfer.

Ville du Moule

Ancien moulin de Grande-Terre.

Informations pratiques pour les deux îles

Lignes régulières :	Air France / Corsair international / XL airways
Liasons inter îles :	en avion : Air Antilles express / Air France en bateau : L'Express des îles
Monnaie :	euro
Décalage horaire :	(entre Métropole et Antilles) 5h en moins en hiver et 6h en moins en été. Le soleil se lève vers 6h et se couche vers 18h toute l'année.
Langues :	le français, le créole
Deux saisons : "carême" "hivernage"	 de décembre à avril c'est la saison sèche. de juillet à novembre c'est la saison des pluies. Cyclones ou tempêtes tropicales possibles de la mi-août à fin octobre.
Formalités d'entrée :	Carte d'identité pour les Français et passeport pour les autres.
Religions :	catholique pour la majorité, adventiste, méthodiste, hindouisme etc...
Gastronomie antillaise :	le colombo de poulet (sauce épaisse au carry dans laquelle mijote le poulet) les acras de morue le poulet boucané le boudin créole les bananes flambées au rhum
Fêtes et jours fériés :	Le carnaval débute le premier dimanche de janvier et se termine le mercredi des cendres. Apothéose les trois derniers jours gras : lundi, mardi, mercredi. 27 mai fête de l'anniversaire de l'abolition de l'esclavage. 21 juillet fête en hommage à Victor Schœlcher. 1er novembre, la Toussaint, les familles se retrouvent pour honorer les morts.
Risques et désagréments :	La scolopendre, attention ce petit mille-pattes peut mordre et provoquer des réactions allergiques. Le Mancenillier. Cet arbre, ressemblant à un pommier, est très toxique surtout ne pas s'abriter dessous. Ils sont généralement repérés avec de la peinture rouge.

"Si vous deviez dire une seule chose aux Guadeloupéens, ce serait quoi ?"
– Rou vé siez ! "ouvrez vos yeux !"
Willly Marze

" Sé ou ka menné lavi, a pa lavi ka menné-w". C'est toi qui dois diriger ta vie, et non laisser la vie te diriger.

Expression populaire

Remerciements

Notre projet de film et de livre a vu le jour grâc à l'accueil, la gentillesse et la disponibilité des Martiniquais et des Guadeloupéens.

Nos remerciements s'adressent à eux en priorité et en particulier à :

Nadège Guillaud
Juliette Adelaïde
Marc Peuble
Félix Flauzin
Christiano Chemont
Christian Thenard
Jocelyn Bartebin
Bel-mangrove

Nous remercions également toutes celles e ceux qui de près ou de loin nous ont encouragés et aidés dans l'aboutissement de ce projet, en particulier nos enfants, qui supportent nos longues absences.